二十岁

Zhenni's Poems

包珍妮 著

图书在版编目(CIP)数据

二十岁 / 包珍妮著. —杭州：浙江文艺出版社，2023.1
 ISBN 978-7-5339-7069-7

Ⅰ.①二… Ⅱ.①包… Ⅲ.①诗集—中国—当代 Ⅳ.①I227

中国版本图书馆CIP数据核字（2022）第234509号

责任编辑	丁　辉　谢园园　詹雯婷
责任校对	陈　玲
责任印制	张丽敏
封面设计	@Mlimt_Design
营销编辑	张恩惠
数字编辑	姜梦冉　诸婧琦

二十岁

包珍妮　著

出版发行	浙江文艺出版社
地　　址	杭州市体育场路347号
邮　　编	310006
电　　话	0571-85176953（总编办） 0571-85152727（市场部）
制　　版	杭州天一图文制作有限公司
印　　刷	浙江新华数码印务有限公司
开　　本	787毫米×1092毫米　1/32
字　　数	52千字
印　　张	4.5
插　　页	1
版　　次	2023年1月第1版
印　　次	2023年1月第1次印刷
书　　号	ISBN 978-7-5339-7069-7
定　　价	35.00元

版权所有　侵权必究

序

珍妮,二十岁了

这是自救也是救人。

2020年9月,疫情席卷全球的时刻,央视《开学第一课》发布了一首名为《草》的抗疫歌曲,歌词中传达出来的坚韧向上的生命力,带给无数人莫大的力量。

这首歌的词作者,就是浙江温州文成姑娘包珍妮——一个脊髓性肌萎缩症(SMA)患者。

她,一个"最软"的人,当选2020年度"最美浙江人·浙江骄傲"十大人物之一。

这不是传奇故事,是真实的事。

在2018年包珍妮出版的诗集《予生》中,我曾含泪写下一篇序文《我们都希望能再活长一点》，介绍过与她结缘的情况。《予生》的出版，引发了许多感人的事，后来新华社、光明网、中国新闻网、澎湃新闻、《中国青年》、《浙江日报》、《中学生阅读》、《课堂内外》、《中国艺术报》、《中国残疾人》、《温州日报》等媒体都曾大幅报道过。

数年来，包珍妮一直笔耕不辍。日前，她的父亲包宗锋先生把《二十岁》的电子稿发给我。我认真读了，《二十岁》收录包珍妮新诗作一百首，这些诗同样字字真情，句句实感，发自肺腑，是她生命的真实写照，对于广大读者也是难得的励志之作。这本诗集，再一次让我认识到包珍妮的生命不息，学而不止。

我与包珍妮虽然是文成同乡，但原先并不认识。后来因为诗歌才有缘相识，并接受她的灵魂的洗礼。

文以载道。疫情三年了，民生多艰。事实

上，像包珍妮一样，身患绝症，却勇敢地与命运抗争的人不在少数。

包珍妮说，每一首诗都代表了她当时的心情和处境，就像她每次回看《予生》，"很多回忆瞬间被勾出来，所以它更像一本关于我人生的记录本。唯一不同的是，人家写日记，而我写诗歌"。

从患病开始，包珍妮全身肌肉萎缩。病情严重时，她只有右手大拇指还能活动。在从事写作的几年时间里，包珍妮凭借一根手指，创作出了上百首动人的歌词、诗歌。其间面临的困难，远远超过常人的想象。

包珍妮让我对生活有了不同的理解，对诗歌也有了新的认识。她让我懂得作文其实就是做人，写诗也是一种修行，自救救人。

"世人都说她坚强，但她也是个女孩。"

采访过她的记者说，在私下里，包珍妮像其他女孩子一样，喜欢社交，爱看二次元动漫，在爽剧、爽文里偷笑，也会因为东野圭吾的推理小说茶饭不思……她想跟弟弟两个人一起在B站上开个账号做UP主，在另一片领域里踏浪而行。这些有趣的想法，她轻易不和别人说。她说："我喜欢《苦行僧》里的一句歌词，'我要人们都看到我，但不知道我是谁'。就像大家读过我的作品，或者偶然听过我写的一首歌后心情变好了，能做到这一点我就觉得足够了。"

予生，也是新生。诗集出版后，包珍妮走入了大众的视野。2018年秋天，我第一次见到珍妮时，曾经写过一首诗《我想做一个诗人——给包珍妮》：

> 我第一次这么近距离看你
> 你的身边全是器械和药
> 你的爸爸说那不停拍打你的
> 是帮你拍碎堵在你胸口的痰
> 好让你能轻松一点吐出来

你的爸爸噙着泪水告诉我

现在你们住的房子是亲戚的

他除了一个体弱多病的妻子

一根随时会爆炸的畸形脑血管

和漫长的失眠,绝望的守护

就剩下你和与你一样患SMA的弟弟

这是你们相依为命的所有财产

除此之外,你们家一无所有

一无所有,一无所有呀

我俯下身子想跟你说话

告诉你再好的诗也不如身心自由

但你无法回应我,除了一根拇指

一双眼睛,你一动也不能动

我只能默默地在心里为你点赞

说些苍白无用的话为你祝福

一个正常人无法知道你的内心

但你的心明明白白,清清楚楚
亮亮堂堂,我走出你的房间后
你用尽全力给我发来一条信息
说感恩人间,说活着就好
说感恩世上所有的好心人
说没有死就算胜利,说
你会铭记并回报人们对你的爱

学会坚持,学会挺住
衣食无忧的人才说钱是身外之物
身无立锥之地,写诗何用
机器人不停拍着你的后背
二十四小时,三百六十五天
我真希望上天有好生之德
赐我大力之神,一下子就击碎
这个苦难的生活,连同我的心
生之艰辛,那堵着的痛

这就是我看到的包珍妮一家真实的境况。

屋漏偏逢连夜雨。2015年，因为长年的压力与操劳，包宗锋积劳成疾，患上了严重的抑郁症。他曾经向众人坦言，自己多次想要了却生命。

"老天啊，你睁开眼睛看看我，我过的是什么日子，给我指条明路吧！"包宗锋在个性签名中如是说。但包宗锋是一个真男人，以一己之力扛下了整个家庭的重任，他在孩子面前时刻保持着笑容，却将所有的辛酸与苦楚埋在心底。

包珍妮得知此事，悄悄地给父亲写下几封信，鼓励一家人共同面对疾病与困难。在女儿的鼓励下，包宗锋重新振作精神。

人间有真情。包宗锋发现，自己从来都不是孤独地面对这个世界。为了救活孩子们，包宗锋欠下了数十万的外债，有些债主却拒绝包宗锋的还款："我借你的钱，不要了。"

"我希望能再活长一点"，这是包珍妮唯一的期盼。包宗锋一家人租住的房子，一个月的租金为420元，八年来房东从未涨房租。就这样，带着其他人的关爱，带着对生命的敬畏与对生活的勇气，一家人继续顽强地生活着。

包珍妮的坚强无人能及，然而她的身体却每况愈下。目前对于脊髓性肌萎缩症，国际医疗界还没有很好的治疗方法。

包珍妮想要康复，只能注射一种名为"诺西那生钠注射液"的药物，这是全球公认的治疗SMA最有效的药物。

然而70万元一支的昂贵价格，让众多患者望而却步。一直以来，包珍妮和家人们都在等待着一个机会。

幸运的是，包珍妮一家人等到了这个机会。2021年12月，国家医疗保障局发布了最新国家医保药品目录。

医保范围调整后，74种药品新增进入目录，其中就有包珍妮的救命药诺西那生钠注射液。纳入医保后,注射液的价格从原来的70万元一支降到了3.3万元一支。

天降甘霖。包宗锋激动万分,他口中呢喃着:"有救了,有救了。"

自从包珍妮的故事走进大众视野后,热度一直居高不下。天价药纳入医保后,众多爱心人士纷纷向包宗锋表达了祝贺,也尽自己所能为包珍妮捐款、捐物,医院再次为包珍妮做了全面的检查。

因为卧床多年,包珍妮的脊柱侧弯现象十分严重,腰部不能受到任何的重创。然而注射液需要通过腰部注射,医院面临着巨大的挑战。

专家们经过讨论,为包珍妮制定了严密的注射方案,并派遣了经验丰富的医生主刀,众人确定了共同目标:"争取一针成功。"

苦心人,天不负。在医生的努力下,包珍妮的手术十分成功。

包宗锋透露,注射液能够增强包珍妮的肌肉

力量,配合康复训练,包珍妮能够自主发力,自由活动不再是遥不可及的梦想。

对此,包宗锋抱有极大的期待:"我现在对孩子的未来充满信心,一定会越来越好!"

现如今,一家人的生活逐渐变好,包珍妮最简单、最朴实的愿望"我希望能再活长一点",一定会成为现实。

包珍妮的生命将继续盛放,她会成为正常人,完成环游世界的愿望,摆脱疾病的泥淖。包珍妮一家人的未来生活充满了希望。

《二十岁》即将付梓,在此,我要特别感谢素昧平生的浙江文艺出版社总编辑王晓乐女士,她电话里听我介绍了包珍妮的事迹,读完《二十岁》电子稿后,二话不说,立马特事特办,安排出版。同时要感谢中央电视台《暖春》栏目的导演朱静宇老师,以及所有为此书出版付出爱心的人士。本书也获得了温州市文化艺术发展基金项目以及文成县文化精品项目的资助扶持,在此谨向温州市委宣传部、文成县委宣传部致以谢意。

在一个实利的时代,我衷心感激你们,因为你们的爱,人世才温暖!

雪莱说:"如果冬天已经来了,春天还会远吗?"

守护精神,抱团取暖,愿人间如包珍妮的诗里写的那样——四季常春。

慕白

2022年11月17日草于文成

目录

- 001　出生
- 002　生命的花园
- 004　解剖蝶
- 005　种子的独白
- 007　她
- 009　在枯萎中盛开
- 010　春
- 011　夏
- 013　秋
- 014　冬
- 015　春夏秋冬
- 017　轨迹
- 018　归途
- 019　说书人
- 020　一天
- 022　Eternal

023　如光

024　影子

025　跟月亮说晚安

026　车窗隔着两个世界

028　假设这是一个只有白鸽、麋鹿和我的世界

030　我写疯子,写船,不写海

031　海不明白,船也不明白

033　海明白,船也明白

034　失眠

035　蝶

038　太多

039　问

040　解

041　鱼等上钩

042　正当涂鸦

043　写诗之前

044　醒

045　找名字

046　黄昏

048　旁观者

050　一生

051　钥匙

052　我们之间

055　我和"我"一起无聊

056　尘埃

058　各司其职

059　如果,把生活当成爱人

061　越

062　文刃

064　重置

066　沉默者

067　无形的刀

069　衰老的宇宙

070　遗憾

071　比远方更远的地方

072　见我

074　想念是一根绳

075　前后

076　来去

077　一期一会

078　舞台

079　蒙娜丽莎与猫

080　非生非死

081　饭桌

082　十二月

083　半路折返

084　剽窃

085　垃圾

086　水

087　语言

088　告白

089　面纱

090　寻宝

091　开心

092　流逝

093　飞

094　十字路口

095　硬币

096　许愿

097　愤怒

098　不理解

099　外婆

100　我从来没有忘记过你

101　竹蝶

102　神迹

103　取暖

104　卖火柴

105　偷果子

106 等太阳赶跑抑郁症

107 保存二十岁

108 关于我的历史

109 帽子

110 古怪的作家

111 一秒钟

112 羽毛

113 高楼林立

114 陀螺

115 影子

116 书

117 故事

118 诗

119 诗的结尾

121 代后记

出生

悄无声息,我降生了
睁眼见到世界的第一刻
胆小如我
便立刻闭上眼哇哇大哭
"怎么办呢?"
好想回到妈妈肚子里待

生命的花园

也许你会说

这里充满洁白、眼泪和绝望

仿佛像是为死神打造的游乐园

仿佛它早已把这

当作供自己尽情高歌的舞台

可我想,我总是在想

在我这短暂的人生一出戏里

多少次,数不清有多少次

当我险些被死神当作玩具没收的时候

我碰触到了圣洁而温暖的白

多么亲切,曾抚过我的头

多少次,在生命尽头的废墟里

我看见的不只是绝望

还有一颗颗滚落的汗珠

它们代替泪珠落在墟土上

努力地、默默地

浇灌出属于生命的鲜花

这里是生命的花园

而我，便是这满园灿烂盛开的花中最渺小的一朵

解剖蝶

我剖开身体

里面住着一只透明的蝶

一半,又一半

蜷缩着

我在干枯的薄翼上

划下一刀

那细痕像一道绳索,勒住了它

同时也勒紧我的脖子

很久,蝶死了

种子的独白

一颗小小的种子,小小的
破壳而出,生根发芽
它会成为野火烧不尽的草吗
抑或是四月芳菲尽的花
不,都不是
这一颗小小的种子,很庞大
风吹着,雨打着
被世间万物忽略着
它却选择用行动来证明,默然地
又用身姿来回答,引人注目地
我是一棵树,种子自白道
从今往后
我永远都将是一棵树

哪怕会枯,会死,也无法改变

我曾的确是一棵树

她

她像朵盛放又破败的花
如果你所做的,仅仅是远远瞥上一眼

盛开的每片花瓣上
都沾着晶莹剔透的露水
它们摇摇欲坠
向着瓣尖儿滑落
从里面,你几乎能看遍整个世界

在每个湿润的日子里
她总是自然而大胆地舒展着枝叶
细长灰褐的枝上,只托着两片绿
仿佛就是这两片绿

默然簇拥着正中心那含蓄的花蕊

你会喜欢她的
如果你只是匆匆瞥上一眼
那一眼里,你能看尽她所有
美好、孱弱与娇艳
而不见任何枯萎或凋零

在枯萎中盛开

我每天守着我的玫瑰花

为它浇水、陪它说话

但并不是我有多爱它

只是因为这一生

我再没有别的事可做了

我所拥有的

只有眼前这一朵沉默的玫瑰花

和我那受尽唾弃的

先玫瑰一步残败枯朽的

杂草般的人生

春

土地上,青嫩的草冒出芽来

雨丝垂成透明的绸缎

铺上坚硬的屋顶,高高矮矮

落到柔软的伞面,漾开水纹

雨点轻飘飘,轻飘飘

雨声却重重地,重重地

敲在人们的心上

一下,一下,渐渐轻了

再抬头,乌灰密云散去了

暖洋洋的日光,正悄悄

照进每一个人的心

夏

又是一年六月

潮湿、闷热

伴随着不绝于耳的蝉鸣声

接踵而至

一连十几日的连绵阴雨

下得人心情沉郁

也把这座城市变得湿漉漉的

好似蒙上了一层氤氲水汽

看不真切

来往的行人们大多都撑着伞

低着脑袋

神色匆匆

漫长、无趣

这便是以往十几年的认知里

夏天之于我的印象

犹如一张老旧的黑白相片般

单调、乏味

直到那天

你的到来意外打破了这一切

我这才知道

原来夏天竟是这么漂亮

它很耀眼，同你一样耀眼

秋

金黄色的地毯盖在大地身上
又小又暖,风一吹
细密的绒便摇摆着,沙沙作响
勤劳的织布工人们穿梭其间
一会在东,一会在西
不一会,纹路便织好了
再仔细一瞧
地毯不见了
织地毯的工人也不见了

冬

她来时是冬天,去时亦然

一切微弱声响都被盖住

譬如欢笑,譬如哭泣

再譬如,垂死挣扎的虫鸣

白雪装点之下,只余一片万籁俱寂

而我为此感到厌倦

世界为何总爱呈现同样的事物

就像冬天,白色、冰冷

正适合做一些告别

不幸的是,这世上的人总在告别

同我,同你,同这世界

春夏秋冬

早春的三月总是懒懒的

屋顶种的花开了

街上的水洼还未干涸

树影在水中摇晃着

孩子们远远唱着歌

山和云都听见了

风姗姗来迟

一同轻哼着

我坐在屋顶看落叶铺满长街

秋跟夏匆匆告别

冬不声不响闯入视野

岁月踩过泥泞

或深或浅

火车驶过一列列

山和山伫立两边

风快慢不定

云忽近忽远

暮色总惹人怀念从前

我替落叶和树告别

而它愿意成为一张书签

替我和过去的我寒暄

寄往童年的信里

我始终没有透露明天

轨迹

我喜欢大雨滂沱的傍晚

黄昏的光线有一点暗

雨珠落在地面上,活泼极了

溅起小小的水花

跳着舞,唱着歌儿

剪不断的雨帘中

我捕捉到了风

归途

人们打着伞,穿行于街
匆匆忙忙,小跑着追赶
亮了,又亮了,一盏接着一盏
一排排明亮的灯火
透过窗,为赶路而疲惫的人亮着
在雨中折射出斑斓的光,淡淡的
美丽、漫长又短暂

说书人

写一段诗

要耗几张草稿纸

构思一段故事

要用多少字词

说书人挨过多少贫穷日子

才换得几个铜板

苟活于世

一天

我望见崭新的日出
望见许多瑰丽的诗篇
我望见不肯入梦的白云
望见诗中写的永远

爱与我一直不曾谋面
却真切陪伴我好多年
它总默默提醒我这人间
尚有许多值得我留恋

一天一天　我细数着时间
童年被拆成大小不一的碎片

它们像迷了路的蝴蝶

一只只停驻在窗前

Eternal

我踩上洁白的岸

行经过漫长的桥

眼前是一片片软云

时时看得到,时时摸不着

我的手悬在半空

悬在巨人的脑袋上

抓住了!我惊呼着

我手中的东西即是永远

亦是永恒

可人们往往喜欢这么称呼它

"虚无缥缈"

如光

昏星在林间跳跃

一下璀璨，一下黯淡

我坐在时有时无的光里

忽隐忽现的阴影里

怔怔看向你

我忽然分不清

那是不是你的眼睛

影子

远方,一只船摇摆驶来
被月光拉出流动的影子
皎洁的光洒在海上
被海面轻托出月的影子
我静坐在海与月的一端
它们为我勾勒出你的影子
眼神交错间,一刹那
我也变作你的影子

跟月亮说晚安

灯熄灭后

仿佛整个世界都停止运作了

只剩下月亮,是这个静谧夜晚

唯一的工作者

孜孜不倦,温柔而皎洁

可我一闭上眼睛,月色也被隔绝

月亮和我一样,该休息了

车窗隔着两个世界

房屋和树木,持续倒退

天空挂着一团火

火堪堪高悬,天变得空荡荡

地面冒出火苗来,噌!

斑马线上不见斑马

人行道上不见人行

整个世界都在倒退,倒退

拉出一条长长的剪影

放慢帧数,一下,两下

叶子和叶子交错重叠

一切离我远去

而我只是躺着,一动不动

身体便又前进数公里了

或是逆行数公里

我的灵魂,仍旧撂在原地

与整个不断倒退的世界

保持平行

假设这是一个只有白鸽、麋鹿和我的世界

看一只白鸽掠过窗前
飞进云层里消失不见
它不曾注意我的视线
只顾着飞向更远的天边

看一只麋鹿站在崖边
望向深不见底的深渊
它沉默地想了半天
朝着前方一跃闭起双眼

白鸽　还在恒久地盘旋
麋鹿　早就于某刻长眠

它们　从来没有见过面

这是个无中生有的世界

我写疯子,写船,不写海

疯子睡在海里

我在船上迷失

我掉进海,我吃掉海

一口,撑破了肚皮,我被分开

疯子死了!

海吃掉我,淹死了船

疯子还在睡觉

一万年,好似一分钟过去

我还在写

写疯子,写船

又一分钟,我的笔干了

什么也写不出,什么也

只剩下一万年的海

海不明白,船也不明白

若你曾眺见过一艘船

若你知道,它在岁月长河里

独自航行了数以万计个日夜

没有掌舵者,没有终点

有的只剩沉默和疲倦,你就会明白

当洋流一次次载着船身

驶向未知的彼岸

又从落脚的彼岸离开

当一趟旅途,变成一个循环的陷阱

犹如一个首尾相接最完美的圆

一圈又一圈逼着你前行

无休止地前行,你就会明白

我是那艘船

被季候驱使着驶向同一片海域

停在同一个港湾

居住在某一片空寂的、辽阔的

只有我居住的深海

偶尔,我会想起另一件事

我是船,也是那片海

海明白,船也明白

是掌舵者离开了船
在某个风平浪静的日子,不再回来
而那之后,船只能一次又一次
撞上风暴和冰山,撞得斑驳累累
一遍又一遍,一圈又一圈
耗着,耗坏所有部件

失眠

我在为失眠困扰

我渴求着睡眠

十五分钟过去了

流逝的时间藏在每个字里

又过去了两分钟

空白的两分钟

没有什么东西

能证明这两分钟的存在

蝶

不知多少时日,幼蝶破茧
薄如纸的翼尚收拢着
一阵风吹,紧接着
便有细雨如丝丝线线垂下
一根,一根
飘飘然落在蝶身,又飘飘然落下

湿透了的蝶翼,沾满雨珠
忽地,一上一下扑扇起来
朝着远方一截绿树枝
不懈地飞去,飞远

那雨水渐渐,不断拍打着蝶翼

却越发洗练出这一份美丽

将它衬得，透明又斑斓

又不知多少时日过去

蝶的速度慢了下来，雨也停歇

我亦是已然湿透

抬眼一瞧，蝶的正下方

竟是一汪湖水，清澈分明

再瞧，湖面上映出一张脸

如蝶一般，挂着雨珠

却已是大有不同

我恍然醒悟，是风、是雨

是一路不曾被我注意到过的其他

是整个透明又斑斓的世界

它们都参与了进来

默然地,见证蝶的变化

太多

有太多的死结　太难被拆解

有太多的答案　太快被理解

有太多的心情　太少去宣泄

有太多的离别　太晚才相见

问

世界虚幻又神秘

只因她朦胧的泪光

为这一切事物披上了美丽的外衣

来者停驻,她沉默

去者问她,她笑而不答

行人来,行人去

终于,命运叩响了门

她长长叹息一声

叹息里没有答案

可这是她唯一能做出的回答了

解

我们比谁都更希望对方活着
要长命百岁,要生同死共
但那绝不是因为爱
提爱太轻浮、太温情脉脉
也不单是因为恨
说恨太狭隘,不足以形容

鱼等上钩

鱼不会在水里淹死

但会被浪卷得无法呼吸

这条鱼已经等了七十八天

但它游不到鱼缸里了

因为钓鱼的人已经死了

在七十八天前

正当涂鸦

"墙壁禁止涂鸦"
——某块告示板这样写着
过去一段时间后
告示板上充满了凌乱彩色线条
背后同样布满彩漆的墙壁上写着:
"告示板禁止涂鸦"

写诗之前

她写诗的时候,不喜被打扰

书桌要干净整齐

钢笔的壳套要崭新发亮

天气佳,万里无云

阳光照进半敞的窗台,打下剪影

她坐下来翻开一页纸

空白一片

一切准备就绪了

这时,一只邻居家的猫

跳窗跑了进来

醒

闹钟响起的瞬间,又沉寂
悠长的呼吸声依然持续着
充斥整个房间,显得拥挤不堪
该睡了,很晚了
梦中的爱人如此说道
她点头
应声睁开了眼

找名字

一个小男孩

坐在野地里望着

往哪儿望,往头顶上望

一片璀璨的夜空

无数颗星星,流动

他给最喜欢的一颗命了名

就用他自己的名姓

流动,流动

一颗又一颗黯淡下去

又一个中年人

坐在公路上望着

望夜空,往深处望

可他找不见自己的名字了

黄昏

又是一个褐色的、沉闷的黄昏
印象中,黄昏总在马不停蹄地
奔向黑夜,日复一日
如同最最天真烂漫的少女,决心奔赴一场
遥远的爱恋
明知前方是虚无、是缥缈
依旧不懈地爱着
爱得那样急切,那样莽撞与热烈
殊不知
苦苦追逐的前方
不过是一片无人踏足的空白

我喜欢观察黄昏

从我初次爱上它的那一刻开始

它似乎时常路过这座湿漉漉的小镇

偶尔路过我

有时,它会在这片土地上

投下长长的剪影

但更多时候

它只是匆促赶往下一个地点

黄昏来临的时候

这条街上,什么人也没有

只有我和我的灵魂

旁观者

黄昏时分,我听见
一些笑声,一些叹息
与一些杂乱的脚步
接着,我又看见
一些人正欢快地畅谈
一些影子,沉默地交错

我听见的与我看见的
紧密交缠、依偎
将天边那团火牢牢拽住
不断下坠,下坠
离大地越发近,几乎就要贴上了
几乎、几乎——

这种几乎并未持续太久
我知道,且相信
这将会是一场完美的日落

人人都踩着暮色投下的光
或缓慢前行,或飞奔而去
日落与行人,霞光与剪影
在此刻,分别像极了一对对
不可拆散又渴望接吻的爱侣

而我在树荫下
在不被暮色眷顾的碎影缝隙里
以一个旁观者的身份
正试图托起
那沉甸甸的一团火

一生

在想象中

我好似已经过完了这一生

仔细回味起来

竟是一生从未开始过

钥匙

心灵像一个仓库

把整个世界装了进去

而我作为仓库的主人

找不到任何一把开门的钥匙

我们之间

我不愿合上眼

不愿一了百了地睡去

我还有很多事,要慢慢地谈

是的,我与自己彻夜畅谈

哪一个自己呢?我小心翼翼问道

是今天的。我说

就这样,我和这一个我开始了无声的对白

请睡觉吧,该是离开的时候了

再等一等吧

再晚一些,我就会睡了

等什么呢？又是谁要你等？
啊，原来是明天的我
是她让我再等一等，并请求我
不要太快让她接触这陌生的世界
于是，我只好那么做了

我不能就这么结束一整天
尽管，疲倦已经快要将我湮灭

我也很害怕。我说
这里很安全，你又害怕什么呢？
今天，也是我第一次来到这世间
我才刚刚熟悉身边的一切
短短的二十四小时
而现在，我就要消失了
我怎么能不为此，感到害怕呢？

我明白了，我都明白了

她怕到来，宁愿迟一些到来

你怕离去，不愿早一些离去

我怕什么呢？

我不知道，这恐怕是最令人害怕的事

我和"我"一起无聊

我记不起昨日天气

城市上空有没有乌云

是否来过一场暴雨

淋湿了"我"的眼睛

我知道

每分钟都有人在死去

却不是每件事

都值得"我"哭泣

我不知道

对世界感到无聊的"我"是太过愚钝

还是太过聪明

尘埃

一颗尘埃如有寿命

它能否察觉到死亡的来临

它是否畏惧死亡的逼近

倘若畏惧源自智慧

而智慧有朝一日终将构筑强大的文明

那么,以一颗尘埃为载体的文明

它将如何死去

诞生与死亡是学者们永恒的话题

而追寻智慧与文明

则被视作永恒的真理

一颗尘埃

何其渺小

小到足以被忽略不计

在庞大的其他事物面前

它的身躯显然过于卑微

但人们所遗忘的是

这世间的尘埃从来不止一颗

人们更忘记了

应当如何定义尘埃

也许,我们还高估了自己

各司其职

为这一天,我等待许久
久到月亮沉入海底
星星坠入森林
高悬着的太阳,燃烧成了一摊余烬
我意识到,死神的镰刀就要挥来了
它终将挥向每一条圣洁或低贱的生命
屠戮是它的使命
被屠戮的皆被称作命运

如果,把生活当成爱人

我觉得,我对他的爱好像一尊沙漏
细沙总是无声地飞速往下落着
不间断地落入我的眼,我的嘴
时时呛得我不停流出痛苦的泪水

这痛苦,上一秒还在滚烫
下一秒即冻结成冰冷

可一旦它要结束的时候
我又会挣扎着,把沙漏倒过来
继续让细沙覆过我的脸
重新忍受泪水脱出眼眶那一刻的滚烫

我就是这么爱他的

在无边的窒息里

一次又一次

加温这场不为他所知的

爱恋

越

可以哭泣

但不能泣而不止

越是摔得满身泥泞

越要活得不遗余力

就算是爬

我也要爬到最高的

旁人够不到的山顶峰去

文刃

文字是一把刀

一刃锋利、一刃迟钝

而写作,就是将迟钝的刀背对准自己

再用力地一刀一刀剜下,自己身上的肉

直到血淋淋了

露出发白的骨了

才算是下过笔了

锋利的刀尖,通常用来对准别人

用来割取别人的肉,占为己有

这样一来

自己就不用受苦了

可那不配被称为写作

那是谋杀,是犯罪

每个文人

手持一柄文刃

重置

小时候,我曾意外发现
沙漏倒过来的那一刻
它就变成一个全新的沙漏
而当我再次翻转时
它却没有恢复成原来那一个

后来,直到很远的后来
我又试着把世界颠倒
这一次,我发现
倒过来的世界,也是崭新的
我从未见过

倒过来的我，也是崭新的

我从未发觉

沉默者

世界就像被一股无形的沉默扼住了喉咙

而所有被扼住喉咙的人

都漠不关心

窒息缠绕了上来

空气被剥开

我醒了过来

什么也不做

只融进这片沉默里发呆

无形的刀

这把刀一直悬在我头顶

每当我试图挺直身板

它就以飞快的速度向下滑落一寸

明晃晃的刀刃时刻照着我

似在警告我的逾越

日复一日

我害怕了

我生怕那锋利的刀尖终有一日会刺穿我的颅骨

直直插进我的脑袋里

于是,我选择了妥协

我开始佝偻着背走路

可那把刀似乎还是不愿放过我

它命令我趴下我就得服从

于是，我又开始趴在地上匍匐前进

刀是何时被人抽走的我不知道

但我知道我再也不可能站起来了

衰老的宇宙

我没有点亮任何一盏灯

再强的光,也是徒劳无用

眼睛是盲目的,而心里的那片黑暗

是无论如何,无论投进多少束光

也无法被照亮的,混沌一片

或许我是一颗濒临衰老的宇宙

遗憾

故事在完结处完结
没有遗憾亦是一种悲哀
我明白,我的未来
已很难再有新的开始

比远方更远的地方

人们总是追逐诗和远方
而远方早在心中
等着你一步步走向它
再一步步,背离它

见我

你将在干裂的土壤中,见到我
你将在枯竭的海岸旁,见到我
你将在燃尽的篝火里,见到我

你将在炽热的爱里,见到我
你将在透明的泪中,见到我
你将在此时此刻,见到我

见我不曾触碰厚实的土壤
见我不曾倾听汹涌的海浪
见我不曾点燃温暖的篝火
但见到我的爱,我的泪
见到我贫瘠而丰富的人生

见到我的心

像一颗不知名的星星

独自在光年外闪烁

想念是一根绳

想念像一把迟钝的刃

没开锋时不觉得痛

等开过刃以后

每一刀都磨得生疼

而想念连接的另一端

恰恰是一条磨不断的绳

前后

我希望

我是你一切快乐之后的快乐

而我对你的想念

总是在想念一切之前

来去

风来的时候

风也在去

有些人去了

便不再来

一期一会

人生冗长
每个人都有自己的路要走
我无法确定终点在哪
也许是下个街口
又或者,下下个车站
你瞧,人生总是这样
充满不确定性
人与人,早晚会在一个普通的日子
分道扬镳
你和我,都会被时间推着继续向前
是永远孤独、永远赤裸
是短暂交会,然后分别
是无数的错过,和遇见

舞台

一个盲人舞者被领上台

观众们欣赏着她优美的舞姿

所有人脸上都洋溢着满足的笑容

包括她自己

没有人告诉舞者

离你一步之遥的悬崖

才是这场表演真正的舞台

蒙娜丽莎与猫

一场汹涌的火

烧掉了蒙娜丽莎的脸

而她注视着的猫,安然无恙

绚烂的火光里

蒙娜丽莎仍旧微笑着

这抹笑似乎不再神秘了,淡淡的

只觉比眼泪更加动人

非生非死

在活人之中我像个死人
在死人里面我是活得最好的那一个
我也不知道,我是活着还是死了
或许我的躯壳仍活着
但灵魂早已死了

饭桌

饭桌上的人们

总在讨论一些互不关心的事情

好显得自己很关心

饭桌旁的我

正在关心他们将要讨论的下一件事

十二月

我们将十二月视作尾声

可时间的刻度尺上

每一个月都是崭新的起点

是始,但并非终

半路折返

人的心是一座孤岛

有人想去别的岛上看看

却一条桥梁也寻不见

剽窃

在梦里打的草稿

醒来就变成了一首新诗

我不知道

这算不算剽窃了自己的梦

垃圾

一位流浪汉正拼命翻着垃圾桶
几名城管赶来制止他
他们捂着鼻子说
请你不要在这翻垃圾
流浪汉沉默地走开了
他还没有找到自己的午餐

水

这里的污染日渐严重

为了控制饮水

人们不再摄入盐分

直到第一个死者的出现

可调查显示

受害者并非死于缺水

语言

曾经,你光是看着我
什么都不必说
我便什么都明白
可当你不敢再看我的眼睛
尽管你说了许多
比当初告诉我的还要多
我却一个字也不明白

告白

如果我是海,那你就是天
我的躯壳
总是倒映出你的影子
如果你是海,那我就是岸
你短暂地停靠
便塑造出我一生的形状

面纱

未来不会提前为我呈现出它的样貌
但我可以亲自揭开它的面纱
我当下需要做的
唯有一直向前

寻宝

你见过失落已久的藏宝图吗

有位旅人

走了九千九百九十九天

收集齐了九千九百九十九块碎片

最后一天

他拼凑出了完整的自己

开心

如果开心是一件奢侈品

我宁愿穷得身无分文

也要把它买下来

可我也许会买到伪劣产品

流逝

时间是静止的

流逝的只是我的生命

在这条河流里

记忆是最不重要的东西

飞

人们眼里的我在急速坠落

他们不明白

我只是想学会飞

抱着必死的决心

十字路口

长长的坡道上飘满樱花瓣
自行车停靠在十字路口
可没有人在座位上
在人生道路的抉择面前
又一个孩子逃跑了

硬币

路过的行人往流浪汉跟前扔了枚硬币
流浪汉看着地上的硬币
花的图案在上
"今天是收到花的一天。"
他心想着,将它收了起来

许愿

如果你愿意相信

神曾经向我许下愿望

不信的话

你现在对我许个愿

愤怒

高高举起,轻轻放下
对我来说
愤怒就像玻璃罐子一样
扔出去的瞬间就化作碎片
所以我总是——

不理解

我想

人类最珍贵的品质

不在于爱

而在于理解

因为我常常被爱

但不常被理解

外婆

我八十岁外婆的作息很有趣
和二十岁的我一样
也许某些时刻
她的内心仍是二十岁

我从来没有忘记过你

我从来没有忘记过你

你是那样深刻烙在我的灵魂上

但你永远都不会知道

因为你只是一段记忆

竹蝶

竹林沙沙作响

一截弯刀砍断了大片

青绿竹叶抖落着

像一群受了惊的蝴蝶

神迹

古老的废墟之上
矗立着一座崭新的神殿
信徒们纷纷跪拜
一位新神就这样诞生了

取暖

你都不用笑

只需冲我眨眨眼

我便能将这一点暖意无限放大

然后独自挨过一个又一个漫长且臃肿的冬天

卖火柴

在那个火柴熄灭的夜晚

伴着零星火光一同黯淡下去的

不只有卖火柴的小女孩

偷果子

《新华字典》那么多字
随便翻翻都能种出一棵千年大树
干吗要从我的小盆栽里偷摘果实呢?

等太阳赶跑抑郁症

我知道你每天都按时吃药
也乖乖睡觉
你已经很努力、很勇敢
所以,请千万不要
因为见不到太阳而难过
太阳呀,并非是讨厌你才躲着不出来的
只是因为今天正好下雨
阴云遮住了太阳
等云都散去
太阳就会跑来见你了
我们再耐心地多等一等
一起等,好不好?

保存二十岁

当你读到这首诗

请看一眼当下的日期时间——

如果你这么做了

那么这一刻

你与我二十岁的灵魂互动了

今后,无论何时

当你再次读到这首诗

我的二十岁也会再次出现

以寄存在你脑海中的方式

关于我的历史

历史记下的我

绝非真实

历史中的我

亦非虚假

帽子

橱窗里展示着一顶帽子

导购正在挑选属于它的主人

这位客人!请留步

您看起来气度不凡

拥有如此高品味的您

一定会买下这顶高帽子的吧?

古怪的作家

寂静的夜里

你毫无防备,静寂地睡着

窃贼把门的门把拆了

小说里写,接下来

将发生一场贼窃案

一秒钟

心动只需一秒钟

而你拥有我的很多个一秒钟

羽毛

当你的目光看向我

就好像有一片羽毛在飘落

正好扫过我的心

高楼林立

那曾有一片森林

唯有人类绕道而行

诸多猛兽栖居其中

后来,它成为人类的森林

猛兽们纷纷绕道而行

千万个你我栖居其中

陀螺

你说没见过陀螺无休止地在原地打转

我说生活是一道无形的鞭

影子

有光之处

我与影子共舞

黑暗之处

影子便是全部

书

我像一本不曾被翻阅过的书

人人知晓书名

人人不关心目录

故事

我或许见过她

就在她的故事里

关于她的故事很短

只是几张薄薄的遗书

诗

如果说

若无心事可成诗

那我宁愿装满心事

再把心事写成长长的诗

诗的结尾

当我说永远爱你

我说的并非是永远

而是你为我诠释了永远和爱的意义

代后记

时光荏苒，论起来，包珍妮与我相识也快有十个年头了。同病同岁，自然成了最要好的友人。

最初认识那几年，正是她同我的少年时代。隔着一千六百多公里，得亏有根网线让两个行动不便的孩子推心置腹，阔谈天地，不知高低。

她说："我要做诗人。"

这是她少时的期盼。

告别青葱，俩小牛犊子许下的"狂言"都悄悄如愿。我能作为朋友、作为读者，见证这颗名为诗意的种子在包珍妮心中生根、发芽，终长成参天大树；见证她为一个又一个读者带去诗的触动,荣幸之至。

所谓诗如其人,我想无需再赘述。

只要翻开这本诗集,只消阅见字里行间,我相信你定能遇见我所说的那个少年。

——更能见到一位执笔如剑、肆意人间、永远自由的诗人。

最好的友人之一

苏雨